87 88 89 90 91 5 4 3 2 1

Redaktion: Gisela Walter
Printed in Germany
ISBN 3-473-37700-7

Sabine Lohf

Ich mach was mit Knete

Otto Maier Ravensburg

Knete plattdrücken und Figuren damit legen

Würste und Schlangen drehen

Das kommt davon! Ich habe zwei verschiedenfarbige Würste zwischen meinen Händen hin und her gerollt, und plötzlich war es eine Schlange.

Buchstaben legen

D E F
Buchstaben mag ich nicht. Ich möchte lieber eine Rolle Lakritz!
G

Ausrollen und ausschneiden

Ausrollen und ausstechen

Durch die Knoblauchpresse drücken

Aus den Spaghetti-Haaren
lassen sich Zöpfe flechten

Etwas hineinstecken

Der piekt überhaupt nicht!

Etwas draufkleben

Ja, das machen wir auch bei dir, dann glitzerst du auch so schön.

Bilder legen

Mit Knete Dinge verändern

Mal sehen, was ich aus diesem Blatt so mache. Vielleicht wird's ein Gesicht mit langen Ohren.

Obst und Gemüse formen

Und viele, viele Tiere machen